BEI GRIN MACHT SICH IHR WISSEN BEZAHLT

AF144595

- Wir veröffentlichen Ihre Hausarbeit,
  Bachelor- und Masterarbeit

- Ihr eigenes eBook und Buch -
  weltweit in allen wichtigen Shops

- Verdienen Sie an jedem Verkauf

Jetzt bei www.GRIN.com hochladen
und kostenlos publizieren

Katharina Grimm

Wer die Deutschen sind

Rezension von Sylvia Schroll-Machls "Die Deutschen – Wir Deutsche. Fremdwahrnehmung und Selbstsicht im Berufsleben"

GRIN Verlag

Bibliografische Information der Deutschen Nationalbibliothek:

Die Deutsche Bibliothek verzeichnet diese Publikation in der Deutschen National-
bibliografie; detaillierte bibliografische Daten sind im Internet über http://dnb.d-
nb.de/ abrufbar.

Impressum:

Copyright © 2010 GRIN Verlag, Open Publishing GmbH
Druck und Bindung: Books on Demand GmbH, Norderstedt Germany
ISBN: 978-3-640-77000-7

Dieses Buch bei GRIN:

http://www.grin.com/de/e-book/162074/wer-die-deutschen-sind

GRIN - Your knowledge has value

Der GRIN Verlag publiziert seit 1998 wissenschaftliche Arbeiten von Studenten, Hochschullehrern und anderen Akademikern als eBook und gedrucktes Buch. Die Verlagswebsite www.grin.com ist die ideale Plattform zur Veröffentlichung von Hausarbeiten, Abschlussarbeiten, wissenschaftlichen Aufsätzen, Dissertationen und Fachbüchern.

Besuchen Sie uns im Internet:

http://www.grin.com/

http://www.facebook.com/grincom

http://www.twitter.com/grin_com

Inhalt

1. Einleitung

Im Zeitalter von Globalisierung und internationaler Zusammenarbeit sehen sich heute viele Unternehmen mit den Herausforderungen interkultureller Kooperation konfrontiert. Um diese bewältigen zu können, stehen inzwischen zahlreiche verschiedene Methoden zur Entwicklung von interkultureller Kompetenz zur Verfügung, die auf die Begegnung zwischen den Kulturen vorbereiten sollen. Neben der Simulation entsprechender Situationen und dem Analysieren anderer Kulturen ist immer häufiger auch das Reflektieren über die eigene Kultur wichtiger Bestandteil interkultureller Trainings. Das soll vor allem dabei helfen, ein objektiveres Bild über interkulturelle Missverständnisse und Konflikte zu erhalten, aber auch ein Umdenken bewirken, weg von der Idee, dass die Welt vorwiegend vom eigenen Standpunkt aus betrachtet werden sollte. Durch die Analyse der eigenen Kultur kann die Perspektive des Gegenübers und somit auch sein Verhalten und seine Reaktionen in interkulturellen Situationen schließlich besser verstanden werden.

Auch die Diplom-Psychologin und Diplom-Religionspädagogin Sylvia Schroll-Machl will auf diese Weise interkulturelles Verständnis schaffen. Ihr 227 Seiten starkes Werk „Die Deutschen – Wir Deutsche. *Fremdwahrnehmung und Selbstsicht im Berufsleben.*" bietet einen Einblick in die deutsche, in diesem Falle also in die eigene Kultur und wendet somit quasi interkulturelle Analysemethoden auf sich selbst an. In der Untersuchung von sieben ‚typisch deutschen' Kulturstandards beleuchtet die Autorin die Hintergründe der eigenen, kulturbedingten Verhaltensweisen und bemüht sich gleichzeitig um Aufklärung über die Interpretation von und den Umgang mit solchen Kulturstandards. Ihre Arbeit soll dabei vor allem praxisbezogen und schlichtweg nützlich für tatsächliche interkulturelle Begegnungen, vorwiegend im Beruf, sein. Die vorliegende dritte Auflage des Werks erschien im Jahre 2007 durch den Verlag Vandenhoeck&Ruprecht in Göttingen und ist für rund 25,90 Euro in Buchhandlungen und entsprechenden Online-Versandhäusern zu finden.

2. Inhalt

Schroll-Machl wendet sich in ihrem Buch konkreten Kulturstandards zu, die sie und andere Experten der deutschen Kultur zusprechen. Das bedeutet, es wird eine Schnittmenge aus häufig auftretenden Verhaltensmustern eines Kulturkreises gebildet und analysiert. Untersuchungen dieser Art und das Aufzeigen von Möglichkeiten, mit diesen Verhaltensweisen umzugehen, sind in der interkulturellen Forschung häufig anzutreffen. Sylvia Scroll-Machl bezieht sich dabei nicht wie üblich auf die Kulturstandards fremder Kulturen, sondern auf die der eigenen, in diesem Falle der deutschen. Da dies längst keine typische Herangehensweise an interkulturelle Problemstellung darstellt, beginnt die Autorin ihr Buch mit der Erläuterung und Begründung ihrer Arbeitsweise. Hier wird näher auf den hohen Wert von Reflexion des eigenen Verhaltens eingegangen, die nicht nur dabei hilft, das eigene Verhalten zu verstehen, sondern auch dabei, zu erahnen, warum fremdes Verhalten als irritierend oder erfreulich empfunden wird. Wie es aus der Sicht der interkulturellen Wissenschaft allgemein als notwendig gilt, betont Schroll-Machl anschließend deutlich und ausführlich, dass die vorgestellten Verhaltensweisen keineswegs zur Stereotypenbildung führen sollen und zwar häufig zu beobachten, aber keinesfalls auf jeden einzelne Person und jede Situation zu übertragen sind.

Den Hauptteil über deutsche Kulturstandards leitet eine vertiefte Definition des Begriffs ein. Daran angeknüpft wird eine kurze Erläuterung darüber, wie sich Kulturstandards im Laufe der Geschichte eines Kulturkreises verändern und schließlich zu dem entwickeln, was sie sind und was wir heute als selbstverständlich begreifen. Daraufhin wird das Thema näher eingekreist und die spezifische Entstehung deutscher Kulturstandards erläutert. Die Autorin wählt als relevante deutsche Kulturanstandards Sachorientierung, Wertschätzung von Strukturen und Regeln sowie regelorientierte, internalisierte Kontrolle, Zeitplanung, die Trennung von Persönlichkeits- und Lebensbereichen, „Schwacher Kontext" als Kommunikationsstil und Individualismus. Jeder dieser sieben Kulturstandards wird mit einer anfänglichen Definition eingeleitet, mit einer Erklärung seiner Bedeutung ausgestattet und letztendlich in einen historischen Hintergrund eingeordnet. In Form von Vor- und Nachteilen schlussfolgert Schroll-Machl besondere Schwierigkeiten, aber auch Chancen eines jeden Kulturstandards. Dazu werden konkrete Handlungsempfehlungen zum Umgang mit den entsprechenden Verhaltensmustern angeboten.

3. Darstellungsform

Das vorliegende Werk erscheint im Taschenbuchformat. Die äußere Gestaltung unterstützt dabei die Absicht der Autorin, vor allem Klienten aus der Wirtschaft anzusprechen: Das Cover zeigt die Skyline der Main-Metropole Frankfurt, die auch international als Deutschlands Finanz- und Wirtschaftszentrum gilt. Von der Rückseite des Buches, das ebenso wie seine Vorderseite in Grau gehalten ist, kann der Leser zusammenfassende Informationen über den Buchinhalt und die Autorin entnehmen.

Auch der Aufbau des Buchinhalts ist vorwiegend nach praktischem Nutzen gestaltet. Die Erforschung von interkulturellen Begegnungen stellt eine besonders junge Wissenschaft dar, deren Ergebnisse idealerweise hohen Praxisbezug aufweisen sollen. Silvia Schroll-Machl ist sich dieser Herausforderung bewusst und macht ihre Ausführungen auch für fachfremde Leser zugänglich. Unkomplizierte Erklärungen und klare Formulierungen machen das Werk in diesem Sinne leserfreundlich und verständlich, ohne die Problematik interkultureller Begegnungen zu banalisieren. Die Autorin nähert sich komplexen Problemstellungen vom Weiten an und definiert anschließend deutlich die für sie relevanten Schwerpunkte. Diese bearbeitet sie klar strukturiert, verwendet einen einheitlichen Aufbau mit immer gleichen Elementen für die Erläuterung jedes Kulturstandards. Dieses Muster behält die Autorin streng ein und stellt auf diese Weise sicher, dass die Kulturstandards tatsächlich auch in ihrer Entstehung, ihrer Tiefe, nachvollzogen werden können. Das einheitliche Vorgehen bei ihren Beschreibungen lässt außerdem Vergleiche zwischen den einzelnen Kulturstandards zu und bietet ein klares, einheitlich scheinendes Gesamtkonzept. Den insgesamt sieben genannten Kulturstandards kommt dabei gleichmäßig verteilte Aufmerksamkeit zu.

Zu den immer wiederkehrenden Elementen jedes Kapitels gehört außerdem eine tabellarische Darstellung über Charaktereigenschaften, die zum jeweiligen

Kulturstandard gehören. Dazu wird angegeben, welche dieser Eigenschaften den Deutschen von welchem anderen Kulturkreis zugesprochen werden. So lässt sich etwa der Tabelle zum Kulturstandard ‚Sachorientierung' entnehmen, dass britische und ungarische Befragte die Deutschen für rational und vernünftig halten (vgl. S. 47). Der Tabelle wird jeweils eine leicht humoristische, aber nicht karikierende Zeichnung gegenübergestellt, die die Ausprägung eines Kulturstandards im Verhalten ein wenig überspitzt darstellen soll.

Neben Sprache und Illustration unterstützt auch die Gliederung des Textkörpers selbst die Leserfreundlichkeit des Buches. Die Autorin verwendet häufig stichpunktartige Darstellungen und teilt ihre Ausführungen optisch immer wieder in Blöcke und Absätze ein. Damit lassen sich die genannten Argumente, Handlungsanweisungen und andere Unterpunkte deutlich gegeneinander abgrenzen und somit leichter nachschlagen und verinnerlichen.

4. Kontext

Interkulturelle Beratung in Form von Coachings, Literatur und inzwischen ganzen Studien- oder Lehrgängen haben in den vergangenen Jahren einen wahren Boom erlebt. Seit einigen Jahrzehnten sind Schwellenländer von Ostasien bis nach Südamerika zu attraktiven Produktionsstandorten und Wirtschaftskräften geworden. Vor allem der rasche Aufschwung asiatischer Staaten, die sich außerdem einen Namen als neue Innovationszentren für Hochtechnologie gemacht haben, machte den Kontakt zwischen Kulturen mit großer so genannter psychischer Distanz schließlich unvermeidbar. Längst sind es also nicht mehr nur ausschließlich Europa und die USA, die ernstzunehmende Produktionsstätten, Absatzmärkte und weiteres bieten. Aus diesem Grunde verbinden heute weltweite Netzwerke in Form von Joint Ventures und anderen Arten der wirtschaftlichen Zusammenarbeit unterschiedliche Kulturkreise. Mit diesen Entwicklungen wurde die hohe Bedeutung kultureller Unterschiede von vielen Wissenschaften aufgegriffen, sind sie doch häufige Ursache für Missverständnisse, Antipathie und letztendlich auch fehlgeschlagene internationale Zusammenarbeit. Zunächst von der Psychologie, der Soziologie und der Kulturwissenschaft aufgegriffen, wurde interkulturelle Kooperation zum Forschungsgegenstand selbst. Die Förderung interkultureller Kompetenzen findet heute einen festen Platz in der Vorbereitung von Mitarbeitern für Auslandseinsätze verschiedenster Art, zeigen sie doch große Erfolge bei einer reibungslosen internationalen Zusammenarbeit, der Gestaltung von Werbemaßnahmen für einen kulturell fremden Absatzmarkt und weiteres.

Heute arbeitet die interkulturelle Forschung stark sensibilisierend. Inzwischen besteht verbreitetes Bewusstsein darüber, dass auch scheinbar äußerst ähnliche Kulturen, wie etwa die der Schweiz und die Deutschlands, teils so große Differenzen aufzeigen, dass sie für Betroffene zur großen emotionalen Belastung werden. Ein solcher Kulturschock kann zu Frustration, Verzweiflung und schließlich zum Scheitern einer interkulturellen Begegnung, aber auch zur Stereotypenbildung und Fremdenhass führen. Das Problem ist die falsche Annahme, dass die Kulturen so ähnlich sind, dass weder Anpassung noch Abgrenzung notwendig ist, quasi keine Auseinandersetzung mit den kulturellen Unterschieden stattfindet. Letztlich sind Kulturkreise jedoch komplex gewachsene Gebilde, von denen nur mit Einschränkung von Ähnlichkeit gesprochen werden kann. Interkulturelle Beratung bemüht sich daher vor allem darum, die betreffenden Personen auf die große Bedeutung für die eigene Gemütslage und das seelische Wohlbefinden hat. Das bedeutet, es geht in erster Linie zunächst darum, eine Auseinandersetzung mit interkulturellen Differenzen zu fördern, die Menschen in einer Weise zum Nachdenken zu bewegen, die sie negative Gefühle, die im Rahmen eines Kulturschocks auftreten, verstehen lässt. Viele gescheiterte interkulturelle Begegnungen bewirken bei involvierten Personen ansonsten oft das Gefühl, der frustrierende Verlauf ihrer Arbeit sei durch sie selbst oder durch den Gegenüber verschuldet worden. Interkulturelle Trainings zielen daher daraus ab, Bewusstsein darüber zu schaffen, dass die Zusammenkunft verschiedener Kulturen natürlicherweise Missverständnisse und Schwierigkeiten mit sich bringt und diese nicht bedeuten, dass es sich bei den beteiligten Personen um inkompetente oder unhöfliche Charaktere handelt.

Interkulturelle Trainings und Lehreinheiten wachsen in ihrer Bedeutung. In großen, international agierenden Unternehmen sind Coachings fester Bestandteil für Auslandsaufenthalte und das Etablieren neuer Standorte im Ausland. Ebenso sich an Universitäten und freien Akademien entsprechende Studiengänge finden. Für all diejenigen, die diese Möglichkeiten nicht wahrnehmen können oder ausschließlich privates Interesse für interkulturelle Studien hegen, aber auch zur Begleitung eines Trainings eignet sich Literatur wie das vorliegende Buch. Werke wie diese vermitteln die komplexe Struktur interkultureller Fragestellungen auf eine auch für Laien verständliche Art und Weise. Dies ist besonders wichtig, weil interkulturelle Kompetenz heute in wirtschaftlichen Kontexten eine wichtige Rolle einnimmt und vor allem auch Personen betrifft, die nicht aus Fachbereichen wie Psychologie, Kommunikations- oder Sozialwissenschaften stammen. Ein interkulturelles Verständnis muss somit auch Personen aus wirtschaftswissenschaftlichen oder technischen Fachmenschen zugänglich gemacht werden, die über vergleichsweise geringe Vorkenntnisse zurückgreifen können. Literatur, die diesem Zweck nachkommen soll, ist meist gekennzeichnet durch die Betonung eines besonders hohen praktischen Nutzens für den beruflichen Kontext, so wie es auch bei dem Buch von Sylvia Schroll-Machl der Fall ist. Diese Arbeiten müssen bestimmte Kriterien erfüllen, um eine tatsächliche Hilfestellung sein zu können. Es sollten alle relevanten Hintergrundinformationen zu der Entwicklung einer Kultur und den daraus resultierenden Ausprägungen gegeben werden, um Kulturstandards nachvollziehbar zu machen. Werden, wie es bei Schroll-Machl geschieht, konkrete Kulturstandards genannt, also einer Kultur spezifische Verhaltensweisen zugesprochen, ist es schlicht notwendig, die Aussagen dahingehend zu relativieren, dass sie nicht zu Bildung von Stereotypen führen und Vorurteile schüren. Um mit dem Fremden besser umgehen zu können, ist eine solch direkte Zuordnung schließlich verlockend, sie lässt reale Verhältnisse simpler scheinen als sie sind. Letztendlich besteht ein Kulturkreis jedoch aus Individuen, deren Verhalten nicht nur durch kulturellen Einfluss, sondern auch durch individuelle Erfahrungen und Wertbilder bestimmt wird. Die Herausforderung bleibt also, alle relevanten Informationen zwar so klar zu definieren, dass konkrete Handlungsanweisungen möglich sind, das die komplexe und unberechenbare Realität interkultureller Situationen aber trotzdem nicht zu verschleiern. Gleichzeitig sollten diese Art Ratgeber nicht abschreckend oder einschüchtern wirken, sondern stets motivierend wirken und Chancen für positive Erfahrungen aufzeigen. Eine für die Praxis sinnvolle beratende Literatur hat demnach hohe und vor allem vielseitige Ansprüche zu erfüllen, die nicht immer leicht miteinander zu verbinden sind.

5. Fazit

In meinen Augen kann das vorliegende Werk von Sylvia Schroll-Machl in vielerlei Hinsicht den hohen Ansprüchen gerecht werden, die diese Art von wissenschaftlichem und gleichzeitig praktischem Ratgeber erfüllen sollte. Die Stärke des Buchs liegt dabei vor allem in zwei seiner Elemente.

Zum einen leistet Schroll-Machl bemerkenswerte Arbeit in Bezug auf den Umgang mit Stereotypen und Vorurteilen. Die Autorin hat mit der Nennung konkreter Kulturstandards einen gewagten Schritt getan, nennt durchaus auch nicht nur positive Eigenschaften. Sie legt hingegen offen, dass die Deutschen auch als langweilig, besserwisserisch, inflexibel und stur charakterisiert werden (vgl. Seite 69), beweist jedoch einen geschickten Umgang mit solchen Wahrheiten. Mehrmals wird darauf aufmerksam gemacht, dass ein Kulturstandard nicht voraussagt, wie sich ein einzelner Mensch verhält, wie er denkt und wie er reagiert. Dabei vermittelt Schroll-Machl den Lesern eine souveräne Leichtigkeit im Umgang mit interkulturellen Situationen, die Berührungsängste eindämmen kann.

Zum anderen schafft es die Autorin, das Thema auch für fachfremde Leser zu erschließen. Ihre Ausführungen sind klar strukturiert und ebenso deutlich ausformuliert. Definitionen und Illustrationen helfen dabei, den jeweiligen Kulturstandard zu verstehen und einen eindeutigen Eindruck von der mit ihm verbundenen Problematik zu erhalten. Unterstützt wird dies durch Fallbeispiele und Geschichten über interkulturelle Situationen aus dem Berufsleben. Tabellen und die Arbeit mit Stichworten, nummerierten Blockabsätzen, Diagrammen und mehr macht das Buch nicht nur zu einer äußerst anschaulichen Lektüre, sondern auch zu einem hilfreichen Nachschlagewerk.

Eben dieser Aspekt kann dem Buch an anderer Stelle zum Verhängnis werden. Interkulturelle Studien mögen aus einer praktischen Nachfrage heraus entstanden sein. Die Erforschung von Interkulturalität ist heute jedoch auch Wissenschaft und bemüht sich um Detailarbeit, um die Erschließung komplexer Mechanismen in menschlichen Denk- und Handlungsweisen. Sie versucht aktiv, sich von der Illusion zu lösen, dass einfache Verhaltenshinweise in Form von Tipps und Tricks überhaupt realistisch sind. Absolute Aussagen wie „Grundsätzlich gilt: Daten, Fakten, Argumente überzeugen, subjektive Meinungen eher nicht" (vgl. S.62) mögen auf den ersten Blick hilfreich erscheinen, entsprechen der Realität jedoch nicht in dem Maße, wie es vorgegeben wird. Auch in Deutschland gilt die Einschätzung einer Situation durch einen erfahrenen Experten, der seine subjektive Meinung preisgibt, durchaus als relevant. Die Vertreter interkultureller Wissenschaften distanzieren sich aufgrund solcher Ausnahmen von absoluten Empfehlungen wie die oben genannte. Auch weitere Formulierungen, die den Zugang zu interkulturellen Herausforderungen, erleichtern sollen, wirken an einigen Stellen zu stark vereinfacht. Aufzählungen und Einteilungen dienen zwar der praktischen Handhabbarkeit, können für das ‚wissenschaftliche Auge' jedoch unnatürlich wirken, denn eine Aufzählen, sofern nicht anders gekennzeichnet, vermittelt fälschlicher Weise den Eindruck von Vollständigkeit. Auf den Punkt gebracht wirken einige Empfehlungen wie ein notwendiges Patentrezept für eine Begegnung mit den Deutschen. Diese Art der Vereinfachung stellt sich schlicht gegen die aktuellen Erkenntnisse interkultureller Arbeit.

Mögen Darstellung und Formulierung für die Wissenschaft also an einigen Stellen irritierend wirken, ihrer Intention kommt die Autorin in jedem Falle nach. Nicht nur schafft sie es, die wesentlichen Hintergründe und Informationen über die Besonderheiten interkultureller Begegnungen verständlich zu machen. Sie regt außerdem in den wichtigsten Punkten zum Nachdenken an, sensibilisiert ihre Leser für kulturbedingte Problemsituationen und motiviert zur Selbstreflexion und zum Verstehen der eigenen, scheinbar selbstverständlichen Verhaltensmuster und Normen. Vor allem für solche Personen, die sich zuvor eher weniger intensiv mit Interkulturalität auseinander gesetzt haben, ist diese Anregung ein wichtiger Schritt. Mich als Studentin des Fachs Interkulturelle

Wirtschaftskommunikation überzeugte das Werk von Schroll-Machl in eben diesem Sinne auch trotz zu starker Vereinfachung an einigen Stellen.

SCHROLL-MACHL, SYLVIA: Die Deutschen – Wir Deutsche. Fremdwahrnehmung und Selbstsicht im Berufsleben. Göttingen, 2007.
3. Auflage
ISBN 978-3-525-46164-8
25,90 Euro